I ♥ CHOCOLATE

Andreas Neubauer

I  CHOCOLATE

Fotos von Oliver Brachat

Hölker Verlag

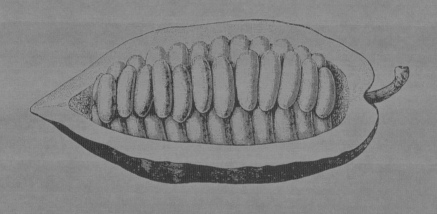

·INHALT·

6
I LOVE CHOCOLATE

8
EINLEITUNG

10
· SWEET DREAMS ·
COOKIES, CUPCAKES, KONFEKT

38
· IT'S CAKE O'CLOCK ·
KUCHEN, TARTES, TORTEN

68
· HAPPY END ·
SOUFFLÉ, SORBETS, EISCREME

94
REGISTER

I LOVE CHOCOLATE

Eine Legende der Azteken besagt, dass der Kakao den Menschen als göttliche Gabe von Quetzalcoatl geschenkt wurde. Durch den Genuss von Schokolade sollten sie von Müdigkeit befreit werden und eine angenehme Ruhe erfahren. Man glaubte an die besondere Kraft der Kakaobohne, die geistige und übersinnliche Fähigkeiten erwecken sollte. Sogar für medizinische Rezepturen wurde sie als Basis verwendet und sollte so nicht nur der Seele schmeicheln, sondern auch den Körper stärken. Schokolade war von Beginn an mehr als bloße Nahrung – sie war ein magisches Getränk mit berauschender Wirkung, ein Aphrodisiakum und so wertvoll, dass die Kakaobohne sogar teilweise als Zahlungsmittel diente.

In Lateinamerika zunächst nur dem Adel, Kriegern und Priestern vorbehalten, kam der Kakao um 1500 nach Spanien und eroberte von dort unter Zusatz von Zucker langsam, aber sicher ganz Europa. Im Zuge der industriellen Revolution wenige Jahrhunderte später wurde die bis dahin handwerklich aufwendige Herstellung von Schokolade neu begründet, die technischen Voraussetzungen erlaubten erstmals eine Massenproduktion. Die Preise sanken und plötzlich war Schokolade rund um die Uhr und für jeden verfügbar.

Damit wandelt sich auch der Status: Schokolade wird zum Alltagsgenussmittel und schon bald als selbstverständlich erachtet. Allzu hektisch wird sie heutzutage hinuntergeschlungen und geht in Form von Weihnachtsmännern in rauen Mengen über die Ladentheken. Gleichzeitig gibt es viele kleine Manufakturen, die nur aus erlesenen Zutaten und mit viel Liebe handgeschöpfte Kreationen herstellen. So unzählig die verschiedenen Sorten sind, so extrem sind auch die Qualitäts- und Geschmacksunterschiede, zwischen denen wir wählen können.

Lassen Sie sich dazu einladen, mit Sorgfalt auszusuchen und Schokolade wieder mit der flüsternden Sehnsucht nach dem Göttlichen zu kosten, wie es einst die Azteken taten. Versüßen Sie Ihr Leben mit Cookies, Cupcakes und Konfekt, laden Sie Freunde und Familie zu Kuchen, Tartes und Torten ein oder servieren Sie himmlisch cremige Desserts wie Soufflés, Sorbets und Eiscreme. Gönnen Sie sich ein Stück, denn Schokolade zu genießen heißt das Leben zu genießen.

SCHOKOLADEN-BASICS

JE BESSER DIE SCHOKOLADE, DESTO BESSER DER KUCHEN – ABER WELCHE SCHOKOLADE IST DIE BESTE?
Ausschlaggebend für das Aroma ist die Mischung der Kakaosorten. Dabei sind Bohnen aus Ecuador, Venezuela, Jamaika oder Java die beliebtesten unter Schokoladenspezialisten. Besonders die der Sorte Criollo, die nur 10 % des weltweit produzierten Kakaos ausmachen, gelten als edel: So heißt auch die Schokolade aus Criollo-Bohnen »Edelschokolade«. Der Kakao, der für die meisten herkömmlichen Schokoladen verwendet wird, heißt Forastero. In den letzten Jahren hat sich eine dritte Kakaosorte entwickelt, die Trinitario. Sie ist eine Mischung aus Criollo und Forastero und liefert ca. 20 % des weltweit produzierten Kakaos. Spitzenkonditoren schwören auf die Marke Valrhona, die hat allerdings ihren Preis. Aber leckeres Gebäck entsteht sowohl durch viel Zeit und Liebe als auch durch die Qualität der Zutaten. Also sparen Sie nicht daran!
Prinzipiell sollten Sie nur beste, natürliche Zutaten verwenden, d. h. neben möglichst hochwertiger Schokolade:
- ungesalzene, vollfette Butter
- Eier aus ökologischer Landwirtschaft
- Nüsse aus biologischem Anbau
- hochwertiges Mehl
- frisch abgeriebene Zitronen- und Orangenschale von unbehandelten Früchten
- feines Fleur de Sel
- echte Bourbon-Vanille

Eine allgemeine Orientierung bei der Wahl der Schokolade bietet der Kakaoanteil, der möglichst hoch sein sollte. Achten Sie bei weißer Schokolade darauf, dass bei den Inhaltsstoffen nicht Zucker, sondern Kakaobutter an erster Stelle steht. Außerdem ist es aus ethischen Aspekten ratsam, bei Schokolade auf das Fair-Trade-Siegel zu achten.

SCHOKOLADE, KUVERTÜRE ODER KAKAO?
Es ist nicht immer ganz einfach, die verschiedenen Kakaoprodukte auseinanderzuhalten. Das zeigt sich schon an den vielen Schokoladensorten, die es überall auf der Welt gibt. Sie unterscheiden sich in der Zusammensetzung ihrer Inhaltsstoffe, die für die wichtigsten Schokoladenvarianten in der Tabelle auf der gegenüberliegenden Seite zusammengestellt sind. Weiße Schokolade ist also genau genommen keine Schokolade, da sie keine Kakaomasse enthält. Oft werden noch Aromen wie z. B. Vanille hinzugefügt.
Kuvertüre ist eine speziell für die Patisserie hergestellte Schokolade. Mit ihrem erhöhten Kakaobutteranteil wird sie beim Schmelzen dünnflüssiger als Tafelschokolade und lässt sich so beim Überziehen von Pralinen und Gebäck besser verarbeiten. Wer gerade keine Kuvertüre im Haus hat, kann stattdessen normale Schokolade verwenden und fügt beim Schmelzen pro Tafel ca. 1 EL Butter oder Kokosfett hinzu. Ihre Qualität hängt, wie bei jeder Schokolade, einerseits vom Anteil hochwertiger Kakaobohnen

Angaben: mindestens	Weiße Schokolade	Milch- schokolade	Vollmilch- schokolade	Zartbitter- schokolade	Bitter- schokolade
Kakaomasse (in %)		15	30	55	60
Kakaobutter (in %)	20	15	10	5	
Milchpulver (in %)	14	20	25		
Zucker (in %)	55	50	35	45	40

und anderseits vom Gehalt der Kakaomasse im Verhältnis zum Zucker ab: Je höher er ist, desto herber ist der Geschmack der Schokolade. Kakaopulver ist entölter Kakao. Bei der Herstellung wird die Kakaomasse auf bis zu 90 °C erhitzt und zusammengedrückt. Dadurch wird die Kakaobutter herausgepresst, die dann zur Schokoladenherstellung verwendet wird, und der Fettgehalt des übrig bleibenden Kakaos auf 20–22 % reduziert.

SCHOKOLADE TEMPERIEREN
Entscheidend für den seidigen Glanz einer Schokoladenglasur ist die richtige Temperatur der Kuvertüre vor und während der Weiterverarbeitung. Zunächst wird die Schokolade oder Kuvertüre über dem Wasserbad vollständig geschmolzen, dann abgekühlt und erneut leicht erwärmt.
Die Schokolade grob hacken und ca. ²/₃ in eine Metallschüssel geben. Über einem heißen Wasserbad unter gelegentlichem Rühren langsam schmelzen. Dabei darf kein Wasser in die Schüssel gelangen. Außerdem sollte die Temperatur nicht zu hoch sein, sonst verbrennt die Schokolade und wird klumpig und bitter. Vollmilch- und weiße Schokolade sowie Kuvertüre bei 40–45 °C, Zartbitterschokolade bei 45–50 °C schmelzen.
Die restliche gehackte Schokolade unter Rühren zugeben, dabei reduziert sich die Temperatur automatisch auf 26–28 °C.
Die Schokolade erneut langsam erwärmen, bis sie eine Temperatur von 30–33 °C erreicht. Jetzt ist die Schokolade perfekt temperiert und kann sofort weiterverarbeitet werden.
Damit die Kuvertüre gleichmäßig erstarrt, ist auch die Temperatur von Plätzchen, Kuchen, Torten und allem, was damit überzogen werden soll, entscheidend. Diese sollte zwischen 20 und 27 °C liegen.

• SWEET DREAMS •

COOKIES, CUPCAKES, KONFEKT

12
PETITS FOURS MIT KIRSCHEN

14
CASSIS-GLÜHWEIN-TRÜFFEL

16
COOKIES MIT ZWEIERLEI NÜSSEN

18
DUNKLE BRUCHSCHOKOLADE

20
HIMBEER-GANACHE-TÖRTCHEN

22
SCHOKO-DONUTS

24
MOKKA-NUSS-BISKUITS

26
SALZIGES KARAMELL-KONFEKT

28
TIRAMISU-CUPCAKES

30
SCHOKOLADEN-MADELEINES

32
SÜSSE GRISSINI

34
PUFFREIS-MATCHA-SCHOKOLADE

36
KOKOS-TRÜFFEL

PETITS FOURS MIT KIRSCHEN

[ZUBEREITUNG: CA. 45 MIN.   BACKEN: 20–25 MIN.   KÜHLEN: CA. 45 MIN.]

FÜR CA. 16 PETITS FOURS

Für den Teig:
3 Eier
50 g Zucker
60 g Mehl
20 g Speisestärke
20 g Kakao

Für den Überzug:
75 ml Sahne
50 g Puderzucker
20 g Butter
100 g Zartbitterschokolade

Außerdem:
150 g Sauerkirschmarmelade
2–3 EL Kirschgeist
16 eingelegte Sauerkirschen (alternativ Sauerkirschen aus dem Glas)

1 Den Ofen auf 180 °C vorheizen. Eine tiefe Backform (ca. 15 x 15 cm) mit Backpapier auslegen. Eier mit Zucker ca. 5 Minuten mit dem Handrührgerät schaumig schlagen. Mehl mit Stärke und Kakao mischen, nach und nach über den Eischaum sieben und unterheben. Biskuitteig in die Form füllen und im Ofen 20–25 Minuten backen. Biskuit anschließend auf ein Kuchengitter stürzen und abkühlen lassen.

2 Kirschmarmelade in einen Topf geben und einmal aufkochen. Den erkalteten Biskuit zweimal horizontal durchschneiden. Jede Scheibe gleichmäßig mit etwas Kirschgeist beträufeln, mit Marmelade bestreichen und die Biskuits wieder aufeinandersetzen. Restliche Marmelade beiseitestellen.

3 Für den Überzug Sahne mit Puderzucker aufkochen, Butter und Schokolade stückchenweise zufügen und darin schmelzen. Den Überzug etwas abkühlen lassen.

4 Schokoladenbiskuit in ca. 16 gleich große Würfel schneiden, diese auf ein Gitter setzen. Den dickflüssig gewordenen Schokoladenüberzug gleichmäßig über die Würfel gießen. Restliche Marmelade nochmals erhitzen, Sauerkirschen darin wenden und je eine auf die Biskuitwürfel setzen. Petits Fours ca. 45 Minuten kalt stellen.

CASSIS-GLÜHWEIN-TRÜFFEL

[ZUBEREITUNG: CA. 35 MIN.   KÜHLEN: CA. 6 STD.]

FÜR CA. 20 STÜCK

250 ml kräftiger Rotwein
Abrieb von 1 Bio-Orange
Mark von 1 Vanilleschote
1 Zimtstange
2 Sternanis
3 Kardamomkapseln
2 Nelken
250 g weiße Kuvertüre
50 g weiche Butter
1 EL Rum
Ca. 125 g Cassispulver (konzentriertes Fruchtpulver, erhältlich im gut sortierten Gewürzhandel)

1 Wein, Orangenabrieb und Gewürze in einen Topf geben und offen bei mittlerer Hitze langsam auf 75 ml einkochen lassen. Anschließend den Glühwein durch ein feines Sieb gießen, auffangen und zurück in den Topf füllen. Die Gewürze entsorgen.

2 Kuvertüre klein hacken, mit Butter, Rum und 2 TL Cassispulver unter den heißen Glühwein rühren und darin schmelzen. Die Mischung in eine Schüssel umfüllen und ca. 6 Stunden kalt stellen.

3 Aus der fest gewordenen Masse mit den Händen walnussgroße Kugeln formen und diese im restlichen Cassispulver wälzen. Die Trüffel am besten kühl aufbewahren.

· **TIPP** ·

Anstelle der einzelnen Gewürze können Sie auch eine fertig zusammengestellte Glühwein-Gewürz-Mischung verwenden.

COOKIES MIT ZWEIERLEI NÜSSEN

[ZUBEREITUNG: CA. 45 MIN.   BACKEN: 15–20 MIN.]

FÜR JE CA. 20 COOKIES

Für die Mandel-Cookies:

75 g geschälte ganze Mandeln

2 EL Zucker

100 g weiße Kuvertüre

125 g weiche Butter

50 g brauner Zucker

1 Ei

175 g Mehl

1 TL Backpulver

1 Den Ofen auf 180 °C vorheizen. Mandeln grob hacken, Zucker mit 2–3 EL heißem Wasser verrühren und mit den gehackten Mandeln vermischen. Alles auf einem Backblech mit Backpapier verteilen und die Nüsse in 8–10 Minuten im Ofen goldbraun karamellisieren. Dabei gelegentlich mit einem Löffel wenden.

2 Kuvertüre klein hacken. Butter mit Zucker cremig schlagen, dann das Ei unterrühren. Mehl mit Backpulver mischen und unter die Buttermasse rühren. Danach die karamellisierten Mandeln sowie die gehackte weiße Kuvertüre unter den Teig heben.

3 Aus dem Teig ca. 3 cm große Kugeln formen, diese mit ca. 5 cm Abstand auf mit Backpapier belegte Bleche setzen und etwas flach drücken. Cookies im heißen Ofen in 15–20 Minuten goldbraun backen. Anschließend auf einem Kuchengitter erkalten lassen.

Für die Pekannuss-Cookies:

75 g geschälte ganze Pekannüsse (alternativ Walnüsse)

2 EL Zucker

100 g Zartbitterkuvertüre

125 g weiche Butter

50 g brauner Zucker

1 Ei

150 g Mehl

2 TL Kakaopulver

1 TL Backpulver

1 Den Ofen auf 180 °C vorheizen. Pekannüsse grob hacken. Wie oben beschrieben mit Zucker mischen und in 8–10 Minuten goldbraun karamellisieren.

2 Kuvertüre klein hacken. Butter mit Zucker cremig schlagen, dann das Ei unterrühren. Mehl mit Kakao und Backpulver mischen und unter die Buttermasse rühren. Danach die karamellisierten Pekannüsse sowie die gehackte Kuvertüre unter den Teig heben.

3 Die Cookies wie oben beschrieben formen, auf die Bleche setzen und in 15–20 Minuten goldbraun backen. Anschließend auf einem Kuchengitter erkalten lassen.

DUNKLE BRUCHSCHOKOLADE

[ZUBEREITUNG: CA. 25 MIN.   BACKEN: 8-10 MIN.   KÜHLEN: CA. 1 STD.]

FÜR CA. 800 G
BRUCHSCHOKOLADE

100 g Zucker
250 g ganze geschälte Mandeln
400 g Zartbitterkuvertüre
100 g Vollmilchkuvertüre
75 g Kokosfett

Außerdem:
Pflanzenöl für das Blech

1 Ofen auf 180 °C vorheizen. Zucker mit 75 ml Wasser in einen Topf geben und ca. 4 Minuten kochen. Dann den Sirup etwas abkühlen lassen und mit den Mandeln mischen. Alles auf einem Backblech mit Backpapier verteilen und in 8-10 Minuten im Ofen goldbraun karamellisieren. Die Mandeln dabei gelegentlich mit einem Löffel wenden.

2 Ein tiefes Blech dünn mit Öl auspinseln, dann mit einem Bogen Backpapier so auskleiden, dass möglichst keine Falten im Papier sind. Die karamellisierten Mandeln gleichmäßig darauf verteilen.

3 Die beiden Kuvertüresorten und Kokosfett klein hacken und zusammen in einer Schüssel über einem heißen Wasserbad schmelzen.

4 Die geschmolzene Kuvertüre gleichmäßig über die Mandeln auf das Blech gießen und mit einer Palette ca. 1 cm dick verstreichen.

5 Das Blech in den Kühlschrank stellen und die Kuvertüre in ca. 1 Stunde vollständig fest werden lassen. Dann stürzen, das Backpapier entfernen und die Schokolade in Stücke brechen.

HIMBEER-GANACHE-TÖRTCHEN

[ZUBEREITUNG: CA. 45 MIN.   KÜHLEN: CA. 1 STD.   BACKEN: 15–20 MIN.]

FÜR CA. 16 TÖRTCHEN

100 g Zucker
250 g Mehl
120 g kalte Butter
1 Eigelb
1 Prise Salz
100 g Zartbitterschokolade
150 g Vollmilchschokolade
100 ml Sahne
2 TL Honig
2–3 EL Himbeergeist
Ca. 16 Himbeeren

Außerdem:
Butter für die Form
Mehl für die Arbeitsfläche

1 Zucker, Mehl, gewürfelte Butter, Eigelb und Salz zu einem glatten Teig verkneten und diesen in Frischhaltefolie gewickelt 1 Stunde im Kühlschrank ruhen lassen.

2 Den Ofen auf 180 °C vorheizen. Die Vertiefungen eines Mini-Muffin-Backblechs ausbuttern. Den Teig auf der mit Mehl bestäubten Arbeitsfläche 2–3 mm dünn ausrollen und daraus Kreise (Ø 6–8 cm) ausstechen. Diese vorsichtig in die Vertiefungen legen, einen hohen Rand formen und andrücken. Die Mürbeteigböden in 15–20 Minuten im Ofen goldbraun backen. Anschließend abkühlen lassen und aus den Vertiefungen des Backblechs heben.

3 Für die Ganache beide Schokoladensorten klein hacken. Sahne mit Honig aufkochen, Topf vom Herd ziehen, die Schokolade nach und nach zugeben und in der heißen Sahne schmelzen. Dann den Himbeergeist unterrühren. Die Masse zu dickcremiger Konsistenz abkühlen lassen und anschließend in einen Spritzbeutel mit kleiner Lochtülle umfüllen.

4 Etwas Schokoladencreme in die gebackenen Teigböden spritzen. Darauf je eine Himbeere setzen. Restliche Creme kreisförmig daraufspritzen und fest werden lassen.

SCHOKO-DONUTS

[ZUBEREITUNG: CA. 1 STD.   RUHEN: CA. 1 STD.]

FÜR CA. 30 STÜCK

3 TL Trockenhefe

150 ml lauwarme Milch

75 g Zucker

75 g weiche Butter

500 g Mehl

3 Eier

1 Pck. Vanillezucker

2 EL Kakaopulver

Ca. 750 ml Pflanzenöl zum Frittieren

Für die Glasur:

150 g Zartbitterkuvertüre

100 g Butter

200 g klarer Honig

150 g weiße Kuvertüre

Ca. 100 g Kokosraspel

Außerdem:

Mehl für die Arbeitsfläche

1 Hefe mit 3 TL lauwarmem Wasser, der lauwarmen Milch und 1 EL Zucker verrühren und zugedeckt 10 Minuten gehen lassen.

2 Vorteig mit restlichem Zucker, weicher Butter, Mehl, Eiern und Vanillezucker zu einem glatten, geschmeidigen Teig verkneten. Die Hälfte davon abnehmen und gründlich mit dem Kakao vermischen. Beide Teige in je eine Schüssel geben und an einem warmen Ort zugedeckt nochmals 30–40 Minuten gehen lassen.

3 Den hellen sowie den dunklen Teig auf der mit Mehl bestäubten Arbeitsfläche ca. 1,5 cm dick ausrollen und daraus Kreise (Ø 5–6 cm) ausstechen. Dann mit einem kleineren Ausstecher jeweils ein Loch in der Mitte ausstechen. Donuts auf mit Backpapier belegte Bleche legen und nochmals 10 Minuten gehen lassen. Teigreste verkneten und zu weiteren Donuts verarbeiten.

4 Öl auf ca. 170 °C erhitzen. Die Teigringe portionsweise auf jeder Seite ca. 1 Minute backen. Danach auf Küchenpapier abtropfen lassen.

5 Für die dunkle Glasur Zartbitterkuvertüre klein hacken und mit 50 g Butter und 125 g Honig in einem kleinen Topf unter Rühren schmelzen. Die hellen Donuts mit einer Seite in die Glasur tauchen. Diese etwas abtropfen und fest werden lassen.

6 Für die helle Glasur die weiße Kuvertüre klein hacken und mit der restlichen Butter und dem übrigen Honig unter Rühren schmelzen. Die dunklen Donuts mit einer Seite in die Glasur tauchen und mit Kokosraspeln bestreuen.

MOKKA-NUSS-BISKUITS

[ZUBEREITUNG: CA. 45 MIN.   BACKEN: 10-12 MIN.]

FÜR 20-25 BISKUITS

100 ml Sahne

2-3 TL lösliches Mokkapulver (alternativ lösliches Espressopulver)

100 g Vollmilchschokolade

100 g Zartbitterschokolade

75 g weiche Butter

Mark von 1 Vanilleschote

100 g Zucker

1 Eigelb

75 g Mehl

50 g gemahlene Haselnüsse

1 EL Kakaopulver

½ TL Backpulver

Ca. 100 g gehackte Haselnüsse

1 Für die Füllung Sahne mit Mokkapulver aufkochen. Beide Schokoladensorten klein hacken, in die heiße Mokkasahne geben und darin schmelzen. Creme erkalten lassen.

2 Inzwischen die weiche Butter mit Vanillemark und Zucker cremig schlagen, das Eigelb unterrühren. Mehl mit Haselnüssen, Kakao und Backpulver mischen und unter die Buttercreme rühren.

3 Den Ofen auf 160 °C vorheizen. Aus dem Teig mit den Händen 40-50 traubengroße Kugeln rollen, diese mit einer Seite in die gehackten Haselnüsse drücken und nebeneinander auf mit Backpapier belegte Backbleche setzen. Biskuits im Ofen 10-12 Minuten backen. Anschließend auskühlen lassen.

4 Mokka-Schokoladen-Sahne mit dem Handrührgerät cremig aufschlagen, in einen Spritzbeutel mit kleiner Sterntülle füllen und auf der Hälfte der Biskuits verteilen. Restliche Biskuits daraufsetzen.

SALZIGES KARAMELL-KONFEKT

[ZUBEREITUNG: CA. 25 MIN.   KOCHEN: CA. 1½ STD.]

FÜR 35–40 STÜCK

350 g brauner Zucker
2 EL Blütenhonig
165 ml Kaffeesahne
175 g Butter
250 ml Sahne
100 g Vollmilchschokolade
Ca. 2 EL Fleur de Sel

1 Zucker mit Honig, Kaffeesahne, Butter und Sahne in einen breiten Topf geben und unter Rühren aufkochen lassen. Temperatur reduzieren und die Mischung ca. 1½ Stunden bei schwacher bis mittlerer Hitze langsam offen einkochen lassen. Dabei gelegentlich umrühren. Am Ende sollte ca. 500 g goldbraune, zähflüssige Karamellmasse übrig sein.

2 Schokolade klein hacken, unter die fertig eingekochte Karamellmasse rühren und darin schmelzen. Die Masse ca. 10 Minuten abkühlen lassen, dann mit dem Handrührgerät kurz aufschlagen. In einen Spritzbeutel mit kleiner Lochtülle umfüllen und in kleine Pralinenförmchen spritzen. Jedes Konfekt mit etwas Fleur de Sel bestreuen und vollständig abkühlen lassen.

TIRAMISU-CUPCAKES

[ZUBEREITUNG: CA. 45 MIN.   BACKEN: CA. 30 MIN.   KÜHLEN: CA. 1 STD.]

FÜR 12 STÜCK

Für den Teig:
75 g weiße Kuvertüre
2–3 EL Amaretto
50 ml kalter Espresso
125 g weiche Butter
75 g Zucker
2 zimmerwarme Eier
125 g Mehl
1 TL Backpulver

Für das Frosting:
2 Blatt Gelatine
2 Eier
1 Prise Salz
80 g Zucker
1 Pck. Vanillezucker
250 g zimmerwarmer Mascarpone
Kakaopulver zum Bestäuben

Den Ofen auf 180 °C vorheizen, die Mulden einer Muffinform mit Papierförmchen auslegen. Kuvertüre fein raspeln, Amaretto mit Espresso mischen. Butter und Zucker mit einem Handrührgerät in ca. 5 Minuten schaumig schlagen. Eier nach und nach unterrühren. Mehl mit Backpulver mischen, darübersieben und unterrühren. Dann die fein geraspelte Kuvertüre zusammen mit der Espressomischung unterheben. Papierförmchen zu ⅔ mit Teig füllen und die Muffins ca. 30 Minuten im Ofen backen. Danach auskühlen lassen.

1 Gelatine 5 Minuten in kaltem Wasser einweichen. Eier trennen. Eiweiße mit dem Salz zu steifem Schnee schlagen. Dabei nach und nach die Hälfte des Zuckers einrieseln lassen. Eigelbe zusammen mit Vanille- und restlichem Zucker in einer Schüssel über einem heißen Wasserbad schaumig schlagen. Gelatine ausdrücken und im warmen Eigelbschaum auflösen. Schüssel vom Wasserbad nehmen, Mascarpone zufügen und alles glatt verrühren. Eischnee unterheben und die Creme in einen Spritzbeutel mit mittlerer Lochtülle füllen.

2 Mascarponecreme tupfenartig auf die Muffins spritzen und die Cupcakes für 1 Stunde in den Kühlschrank stellen. Vor dem Servieren mit Kakaopulver bestäuben.

SCHOKOLADEN-MADELEINES

[ZUBEREITUNG: CA. 25 MIN.   BACKEN: 8–10 MIN.]

FÜR CA. 24 MADELEINES

2 Eier
50 g Zucker
80 g zerlassene Butter
1 EL Orangenlikör
(z. B. Grand Marnier)
80 g Mehl
2 TL Kakao
½ TL Backpulver
1 Prise Salz
100 g Zartbitterschokolade
1 EL Honig

Außerdem:
Butter und Mehl für die Madeleine-Form

1 Den Backofen auf 180 °C vorheizen. Die Vertiefungen der Madeleine-Backform sorgfältig ausbuttern und mit Mehl bestäuben. Eier mit Zucker in ca. 5 Minuten schaumig schlagen. Dann die zerlassene Butter und den Orangenlikör unterrühren. Mehl mit Kakao, Backpulver und Salz mischen und kräftig unter die Buttermasse rühren, bis der Teig glatt und geschmeidig ist.

2 Den Teig in einen Spritzbeutel füllen und in die Vertiefungen spritzen. Die Madeleines 8–10 Minuten im Ofen backen, anschließend aus der Form stürzen und abkühlen lassen.

3 Die Schokolade klein hacken und mit dem Honig in einer Schüssel über einem heißen Wasserbad schmelzen. Madeleines zur Hälfte in die flüssige Schokolade tauchen, abtropfen und die Schokolade fest werden lassen.

SÜSSE GRISSINI

[ZUBEREITUNG: CA. 45 MIN.   RUHEN: CA. 30 MIN.   BACKEN: 6–8 MIN.]

FÜR CA. 50 STÜCK

15 g Frischhefe

100 ml lauwarme Milch

½ TL Zimt

Mark von 1 Vanilleschote

1 Prise Salz

2 EL Zucker

2 EL Walnussöl

250 g Mehl

100 g Zartbitterschokolade

100 g Nuss-Nougat

Je ca. 100 g geröstete Kokosraspel, gehackte Haselnüsse und Mandelblättchen zum Bestreuen

Außerdem:
Mehl für die Arbeitsfläche

1 Die Hefe in eine Schüssel mit lauwarmer Milch bröseln und unter Rühren darin auflösen. Zimt, Vanillemark, Salz, Zucker, Öl und Mehl zufügen und alles zu einem glatten, geschmeidigen Teig verkneten. Diesen zugedeckt ca. 30 Minuten an einem warmen Ort zu doppelter Größe aufgehen lassen.

2 Den Ofen auf 220 °C vorheizen. Den Teig auf der mit Mehl bestäubten Arbeitsfläche ca. 1 cm dick ausrollen. Dann mit einem Teigrad in ca. 5 mm breite und 20 cm lange Streifen schneiden und diese nebeneinander auf mit Backpapier belegte Bleche legen. Grissini im heißen Ofen in 6–8 Minuten knusprig backen. Anschließend auskühlen lassen.

3 Schokolade und Nougat hacken und zusammen in einer Schüssel über einem heißen Wasserbad schmelzen. Grissini zu $\frac{2}{3}$ dünn mit der flüssigen Schoko-Nougat-Mischung einpinseln und mit Kokosraspeln, gehackten Haselnüssen und gerösteten Mandelblättchen bestreuen.

PUFFREIS-MATCHA-SCHOKOLADE

[ZUBEREITUNG: CA. 20 MIN.   KÜHLEN: CA. 30 MIN.]

FÜR 4–6 PORTIONEN

1 Bio-Limette
50 g kandierter Ingwer
200 g weiße Kuvertüre
150 g Rice Krispies
Ca. 2 EL Grüntee-Pulver (Matcha-Tee, erhältlich im Asialaden)

1 Limette heiß abspülen, die Schale fein abreiben. Ingwer zunächst klein würfeln, dann zusammen mit dem Limettenabrieb möglichst fein hacken.

2 Die Kuvertüre klein hacken und in einer Schüssel über einem heißen Wasserbad schmelzen. Die Schüssel vom Wasserbad nehmen und zunächst die Ingwer-Limetten-Mischung unterrühren, danach die Rice Krispies.

3 Ein Tablett mit Backpapier belegen und die Mischung darauf verteilen. Einen zweiten Bogen Backpapier auf die Masse legen und glatt streichen, sodass sich eine ca. 5 mm dicke Puffreis-Schokoladen-Schicht ergibt. Das Tablett in den Kühlschrank stellen und die Puffreis-Schokolade in ca. 30 Minuten fest werden lassen.

4 Den oberen Bogen Backpapier abziehen. Das Grüntee-Pulver gleichmäßig auf die Schokolade stäuben. Dann die Schokolade in Stücke brechen.

KOKOS-TRÜFFEL

[ZUBEREITUNG: CA. 1 STD.   KÜHLEN: 2-3 STD.]

FÜR 20-25 TRÜFFEL

150 g Milchreis

500 ml ungesüßte Kokosmilch

75 g Zucker

2-3 EL Kokoslikör
(z. B. Batida de Côco)

200 g Zartbitterschokolade

10 g Kokosfett

1 Reis mit Kokosmilch und Zucker in einen Topf geben und bei mittlerer Hitze unter häufigem Rühren offen in ca. 20 Minuten garen. Den Topf vom Herd nehmen und den Milchreis mit Kokoslikör verfeinern. Anschließend vollständig abkühlen lassen.

2 Den erkalteten Milchreis mit angefeuchteten Händen zu walnussgroßen Kugeln formen. Zartbitterschokolade klein hacken und mit Kokosfett in einer Schüssel über einem heißen Wasserbad schmelzen.

3 Milchreiskugeln in die flüssige Glasur tunken, dann mit einer Gabel herausheben, etwas abtropfen lassen und auf ein Pralinengitter setzen. Beginnt die Glasur fest zu werden, die Kugeln mit einer Gabel über das Gitter rollen und so die typische Trüffel-Optik herstellen.

· **TIPP** ·

Nach Belieben in Kokosraspeln wälzen.

· IT'S CAKE O'CLOCK ·

KUCHEN, TARTES, TORTEN

40
BISKUIT-CREME-TORTE

42
BLUTORANGEN-TARTE

44
BROWNIES
MIT HEIDELBEEREN

46
KEKSKUCHEN

48
KUPPELTORTE

50
MARMORKUCHEN

52
NUSS-BROWNIES
MIT ROTWEINBIRNEN

54
PEKANNUSS-TARTE

56
SCHOKO-HASELNUSS-
TARTELETTES

58
SCHOKOLADEN-
GUGELHUPF

60
SCHWARZWÄLDER
MILCHREISTORTE

62
SCHOKOTARTE
MIT PASSIONSFRUCHT

64
SCHOKO-MOUSSE-TORTE

66
FRUCHTIGER
SCHOKO-CHEESECAKE

BISKUIT-CREME-TORTE

[ZUBEREITUNG: CA. 1 STD.   BACKEN: CA. 40 MIN.   KÜHLEN: CA. 1 STD.]

FÜR 1 TORTE (CA. 20 X 20 CM)

Für den Biskuit:

50 g Butter

50 g Zartbitterschokolade, gehackt

6 Eier

120 g Zucker

30 g Mehl

75 g gemahlene Biskuitbrösel

Für die Creme:

300 ml Milch

Ca. 3 TL lösliches Espressopulver

3 Eigelb

100 g Zucker

30 g Speisestärke

100 g Vollmilchschokolade, gehackt

150 g weiche Butter

Außerdem:

Fett für die Form

250 g Schokoladenglasur

Geraspelte Vollmilchschokolade

1 Butter und Schokolade über einem heißen Wasserbad schmelzen. Eier trennen. Eigelbe mit 30 g Zucker in ca. 5 Minuten cremig-steif schlagen, dann die Schokoladenmischung unterrühren. Eiweiße mit dem restlichen Zucker steif schlagen. ⅓ unter den Teig rühren. Übrigen Eischnee, Mehl und Biskuitbrösel behutsam unterheben.

2 Ofen auf 180 °C vorheizen. Eine quadratische Backform (20 cm) oder Springform (Ø 24 cm) einfetten und mit Backpapier auslegen. Den Teig einfüllen und im Ofen ca. 40 Minuten backen. Anschließend abkühlen lassen, aus der Form nehmen und zweimal horizontal durchschneiden.

3 Inzwischen Milch mit Espressopulver aufkochen, Eigelbe mit Zucker und Stärke verrühren. Espressomilch zugießen, dabei weiterrühren. Die Mischung zurück in den Topf schütten und so lange auf dem heißen Herd rühren, bis sie eine puddingartige Konsistenz hat. Schokolade darin schmelzen. Die Creme in eine Schüssel umfüllen und zugedeckt im Kühlschrank abkühlen lassen.

4 Die Butter ca. 5 Minuten schaumig schlagen. Dann nach und nach die Schokoladencreme unterrühren. Die Creme gleichmäßig ca. 1 cm dick auf die beiden unteren Biskuitböden streichen. Torte zusammensetzen und für 1 Stunde kalt stellen.

5 Glasur in einem heißen Wasserbad schmelzen, gleichmäßig über die Torte gießen und fest werden lassen. Nach Belieben mit Schokoladenraspeln garnieren.

BLUTORANGEN-TARTE

[ZUBEREITUNG: CA. 40 MIN.   KÜHLEN: CA. 2 STD.   BACKEN: CA. 15 MIN.]

FÜR 1 TARTE (Ø CA. 22 CM)
ODER CA. 8 PORTIONEN

4 Eigelb
120 g Zucker
70 g weiche Butter
150 g Mehl
8 Blutorangen
250 ml Milch
Mark von 1 Vanilleschote
10 g Kakaopulver
25 g Schokoladenpuddingpulver
2 EL Orangenlikör
(z. B. Grand Marnier)

Außerdem:
Butter für die Form
Mehl für die Form und die Arbeitsfläche

1 1 Eigelb mit 50 g Zucker, Butter und Mehl zu einem Teig verkneten und für 2 Stunden in Frischhaltefolie gewickelt kühl stellen.

2 Inzwischen die Blutorangen mit einem scharfen Messer sorgfältig schälen und filetieren.

3 Den Ofen auf 180 °C vorheizen. Eine Tarteform ausbuttern und mit Mehl bestäuben. Den Teig auf der leicht bemehlten Arbeitsfläche ca. 3 mm dünn ausrollen, anschließend die Form damit auslegen. Den Boden mehrmals mit einer Gabel einstechen, dann in ca. 15 Minuten im Ofen goldbraun backen. Herausnehmen und abkühlen lassen.

4 Milch mit Vanillemark und Kakao zum Kochen bringen. Restliche Eigelbe in einen anderen Topf geben und mit dem übrigen Zucker und dem Puddingpulver verrühren. Heiße Vanillemilch zugießen, den Topf auf den Herd stellen und unter ständigem Rühren ca. 3 Minuten kochen lassen. Dann die Creme vom Herd nehmen, Orangenlikör unterrühren und auf dem ausgekühlten Boden verteilen. Die Creme abkühlen lassen und anschließend die Blutorangenfilets gleichmäßig darauf verteilen.

· **TIPP** ·
Nach Belieben mit geraspelter Vollmilchschokolade bestreuen.

BROWNIES MIT HEIDELBEEREN

[ZUBEREITUNG: CA. 25 MIN.   BACKEN: CA. 35 MIN.]

FÜR 12–15 STÜCK

200 g Vollmilchschokolade

150 g Butter

2 EL lösliches Espressopulver

5 zimmerwarme Eier

150 g brauner Zucker

125 g Mehl

1 Prise Salz

450 g Heidelbeeren

1 Eine rechteckige Backform (ca. 20 x 30 cm) mit Backpapier auslegen. Die Schokolade klein hacken und mit der Butter in einer Schüssel über einem heißen Wasserbad schmelzen. Die Mischung anschließend etwas abkühlen lassen.

2 Den Ofen auf 180 °C vorheizen. Espressopulver in ca. 3 EL heißem Wasser auflösen und mit Eiern, Zucker, Mehl und Salz in einer großen Schüssel verrühren. Die flüssige Schokoladenmischung zufügen und unterrühren.

3 Den Teig in die Backform füllen, die Heidelbeeren darauf verteilen und den Brownie ca. 35 Minuten im Ofen backen. Anschließend abkühlen lassen und in ca. 6 x 6 cm große Stücke schneiden.

KEKSKUCHEN

[ZUBEREITUNG: CA. 40 MIN.   KÜHLEN: 6–12 STD.]

FÜR 1 KUCHEN
(CA. 25 CM LÄNGE)
ODER CA. 12 PORTIONEN

375 g Kokosfett
100 g Puderzucker
100 g Kakaopulver
75 ml Milch
3 frische Eier
2 Pck. Vanillezucker
40–50 Butterkekse

1 Kokosfett in einem Topf schmelzen. Puderzucker, Kakao, Milch und Eier in eine Schüssel geben und mit einem Schneebesen gründlich verrühren. Das lauwarme zerlassene Kokosfett nach und nach unterrühren, dann mit dem Vanillezucker mischen.

2 Eine schmale Kastenform (25 cm Länge) mit Frischhaltefolie auslegen. Den Boden der Form mit einer dünnen Schicht Kakaomasse bedecken. Darauf Butterkekse legen und wieder mit einer Schicht Kakaomasse bestreichen. So weiterschichten, bis alle Zutaten aufgebraucht sind. Die Form über Nacht abgedeckt kalt stellen.

3 Zum Servieren den Kekskuchen stürzen, die Folie abziehen und am besten mit einem elektrischen Messer oder einem Messer mit Wellenschliff in Scheiben schneiden.

KUPPELTORTE

[ZUBEREITUNG: CA. 1 STD.   BACKEN: CA. 25 MIN.   KÜHLEN: CA. 1 STD.]

FÜR 4–6 PORTIONEN

Für den Biskuit:
100 g Mehl
35 g Kakaopulver
1 TL Backpulver
1 Ei
125 g Zucker
85 g Mayonnaise
Butter für die Form

Für die Cassiscreme:
50 ml Rotwein
100 g Cassismark (erhältlich z. B. bei Bos Food)
50 g Puderzucker
10 g Speisestärke
125 g weiche Butter

Für die Ganache:
50 g Zartbitterschokolade
100 g weiche Butter
50 g Puderzucker
2 TL Kakaopulver
2–3 EL Cassislikör
75 g geschlagene Sahne

1 Den Ofen auf 180 °C vorheizen. Mehl mit Kakao und Backpulver mischen. Ei mit Zucker in ca. 8 Minuten schaumig schlagen. Zunächst die Mayonnaise, dann die Mehlmischung abwechselnd mit 100 ml Wasser unterrühren. Den Teig in eine gebutterte Kuppelform (∅ ca. 16 cm) oder eine ofenfeste halbrunde Schale füllen und ca. 25 Minuten backen. Den Biskuit abkühlen lassen und zweimal horizontal halbieren.

2 Inzwischen Rotwein, Cassismark, Puderzucker und Stärke so lange in einem Topf auf dem heißen Herd verrühren, bis eine dickflüssige Konsistenz erreicht ist. Die Creme vollständig abkühlen lassen. Butter in ca. 5 Minuten schaumig schlagen, dann löffelweise die Cassiscreme zufügen und gründlich unterrühren.

3 Die Form mit Frischhaltefolie auskleiden. Cassiscreme abwechselnd mit dem Teig hineinschichten und für 1 Stunde kalt stellen.

4 Schokolade klein hacken und über einem heißen Wasserbad schmelzen. Die Butter in ca. 5 Minuten schaumig schlagen. Dabei löffelweise Puderzucker und Kakao zufügen. Nach und nach Schokolade und Cassislikör unterrühren, dann die Sahne unterheben. Die Torte stürzen und vollständig mit der Ganache einstreichen.

MARMORKUCHEN

[ZUBEREITUNG: CA. 30 MIN. BACKEN: CA. 1 STD.]

FÜR 1 KUCHEN
(CA. 22 CM LÄNGE)

5 zimmerwarme Eier
250 g weiche Butter
225 g Zucker
1 EL Vanillezucker
2–3 EL Rum
200 g Mehl
2 TL Backpulver
1 Prise Salz
2–3 TL Kakaopulver
100 g Zartbitterkuvertüre
50 g weiße Kuvertüre

Außerdem:
Butter für die Form

1 Eine längliche Kastenform (ca. 22 cm) ausbuttern und mit Backpapier belegen. Eier trennen. Butter mit dem Handrührgerät in ca. 5 Minuten schaumig schlagen. Dabei nach und nach 125 g Zucker, Vanillezucker und Rum zufügen. Dann die Eigelbe einzeln unterrühren. Mehl mit Backpulver mischen und unterheben.

2 Den Ofen auf 180 °C vorheizen. Eiweiße mit dem Salz steif schlagen. Dabei den restlichen Zucker einrieseln lassen. Den Eischnee unter den Teig heben. $2/3$ des Teigs in die Kastenform füllen. Den restlichen Teig mit Kakao verrühren und darauf verteilen. Eine große Gabel spiralförmig durch die Teigschichten ziehen und diese so marmorieren. Den Kuchen ca. 1 Stunde im Ofen backen, anschließend abkühlen lassen und stürzen.

3 Die beiden Kuvertüresorten getrennt über dem heißen Wasserbad schmelzen. Den Marmorkuchen zunächst mit der dunklen Kuvertüre übergießen, dann die weiße Kuvertüre mit einem Löffel darauf verteilen.

NUSS-BROWNIES MIT ROTWEINBIRNEN

[ZUBEREITUNG: CA. 35 MIN.   BACKEN: CA. 35 MIN.]

FÜR 9 PORTIONEN

Für die Birnen:
9 kleine Birnen
400 ml Rotwein
Saft und Abrieb von 1 Bio-Orange
100 g Zucker
4 EL Rum
1 Vanilleschote, aufgeschlitzt
2–3 Sternanis
3 Kardamomkapseln
2 Zimtstangen

Für die Brownies:
50 g Nuss-Nougat
50 g Zartbitterschokolade
75 g Butter
2 Eier
50 g Puderzucker
1 Prise Salz
2 EL Mehl
1 TL Backpulver
75 g fein gemahlene Haselnüsse

Außerdem:
Fett und Mehl für die Form

1 Birnen schälen und von unten mit einem Kugelausstecher das Kerngehäuse entfernen. Rotwein mit Orangensaft und -abrieb, Zucker, Rum und Gewürzen aufkochen. Birnen in den Sud geben und darin bei mittlerer Hitze ca. 10 Minuten pochieren. Topf vom Herd ziehen und die Birnen im Sud am besten über Nacht im Kühlschrank durchziehen lassen.

2 Den Ofen auf 160 °C vorheizen. Eine tiefe Backform (ca. 20 x 20 cm) fetten und mit Mehl ausstäuben. Nougat mit gehackter Schokolade und Butter in einer Schüssel über einem heißen Wasserbad schmelzen. Eier, Zucker und Salz mit dem Handrührgerät in ca. 5 Minuten schaumig schlagen. Dann die flüssige Schokomischung unterrühren. Mehl mit Backpulver und Haselnüssen mischen und unterheben.

3 Teig in die Form füllen und die marinierten Birnen hineinsetzen. Die Brownies ca. 35 Minuten auf der untersten Schiene des Ofens backen. Etwas abkühlen lassen, dann zwischen den einzelnen Birnen in Stücke schneiden.

· TIPP ·

Sollten Sie keine kleinen Birnen bekommen, so schneiden Sie einfach 3 mittelgroße geschälte und entkernte Birnen in Würfel und dünsten diese wie die kleinen Birnen im Punsch. Mischen Sie dann die Birnenwürfel ausgekühlt unter den Brownieteig, bevor Sie ihn in den Ofen schieben.

PEKANNUSS-TARTE

[ZUBEREITUNG: CA. 45 MIN.   KÜHLEN: CA. 1 STD.   BACKEN: CA. 65–75 MIN.]

FÜR 1 TARTE (Ø 24 CM)
ODER 8–12 PORTIONEN

180 g Mehl

2 EL Kakaopulver

75 g Puderzucker

75 g Frischkäse

150 g weiche Butter

Ca. 350 g Pekannusskernhälften

100 g Zartbitterschokolade

150 g brauner Zucker

3 Eier

2–3 EL zimmerwarme Sahne

Außerdem:
Zerlassene Butter für die Form
Mehl für die Arbeitsfläche
Getrocknete Hülsenfrüchte
zum Blindbacken

1 150 g Mehl mit Kakao, Puderzucker, Frischkäse und 75 g Butter zu einem glatten, geschmeidigen Teig verkneten. Diesen in Frischhaltefolie wickeln und für 1 Stunde in den Kühlschrank legen.

2 Den Ofen auf 180 °C vorheizen. Eine Tarteform (Ø 24 cm) mit Butter auspinseln. Den Teig auf der mit Mehl bestäubten Arbeitsfläche ca. 3 mm dünn und ca. 3 cm breiter als die Form ausrollen. Den Teig in die Form legen und rundum an den Rand drücken. Überstehenden Teig abschneiden. Den Teig mit Backpapier belegen und mit getrockneten Hülsenfrüchten beschweren. Den Tarteboden auf der mittleren Schiene des Ofens ca. 15 Minuten blind vorbacken. Anschließend Hülsenfrüchte und Backpapier entfernen und den Boden etwas abkühlen lassen. Den Ofen angeschaltet lassen.

3 Für die Füllung 200 g Pekannüsse und die Schokolade grob hacken. Die restliche Butter mit 50 g Zucker schaumig schlagen. Nach und nach die Eier unterrühren, dann den übrigen Zucker, die Sahne und das restliche Mehl zufügen und untermischen. Zuletzt die gehackten Nüsse und die Schokolade unterheben.

4 Den Teig gleichmäßig auf dem Boden verteilen. Restliche Pekannusshälften darauflegen. Die Tarte zurück in den Ofen geben und darin weitere 50–60 Minuten backen. Nach der Hälfte der Backzeit die Form mit Alufolie abdecken. Die fertig gebackene Tarte anschließend abkühlen lassen und aus der Form nehmen.

SCHOKO-HASELNUSS-TARTELETTES

[ZUBEREITUNG: CA. 45 MIN.   KÜHLEN: CA. 2 STD.   BACKEN: 12–15 MIN.]

FÜR CA. 6 TARTELETTES
(Ø CA. 10 CM)

50 g fein gemahlene Haselnüsse

80 g Mehl

50 g Puderzucker

50 g Frischkäse

50 g weiche Butter

Ca. 60 geschälte Haselnüsse

50 g Zucker

125 ml Sahne

1 EL Vanillezucker

150 g Zartbitterschokolade

50 g Nuss-Nougat

Außerdem:
Mehl für die Arbeitsfläche und für die Formen
Butter für die Formen

1 Haselnüsse in einer Pfanne goldbraun rösten, dann abkühlen lassen und mit Mehl, Puderzucker, Frischkäse und Butter zu einem glatten, geschmeidigen Teig verkneten. Diesen in Frischhaltefolie wickeln und für 1 Stunde in den Kühlschrank legen.

2 Den Ofen auf 200 °C vorheizen. Den Teig auf der mit Mehl bestäubten Arbeitsfläche ca. 3 mm dünn ausrollen und daraus Kreise (Ø ca. 12 cm) ausstechen. Teigkreise in gebutterte und mit Mehl bestäubte Tartelettefömchen legen (alternativ eine Muffinform verwenden) und die Böden mehrmals mit einer Gabel einstechen. Tartelettes 12–15 Minuten im Ofen backen. Anschließend auskühlen lassen und vorsichtig aus den Förmchen lösen.

3 Nüsse grob hacken, Zucker mit 50 ml Wasser aufkochen und mit den gehackten Nüssen mischen. Alles auf einem Backblech mit Backpapier verteilen und die Nüsse im 180 °C heißen Ofen in 8–10 Minuten goldbraun karamellisieren. Dabei gelegentlich mit einem Löffel wenden.

4 Sahne mit Vanillezucker aufkochen. Zartbitterschokolade und Nuss-Nougat in die heiße Sahne geben und unter Rühren schmelzen. Schokoladencreme in die gebackenen Tartelettes gießen, die karamellisierten Nüsse darauf verteilen. Tartelettes für 1 Stunde kalt stellen.

SCHOKOLADEN-GUGELHUPF

[ZUBEREITUNG: CA. 35 MIN.   BACKEN: CA. 1 STD.]

FÜR 1 GROSSEN GUGELHUPF

350 ml Milch
225 g Zucker
175 g brauner Zucker
Mark von 2 Vanilleschoten
350 g Butter
400 g Zartbitterschokolade
2 Eier
275 g Mehl
30 g Kakaopulver
1 TL Backpulver
90 g Honig
1 TL Pflanzenöl
(z. B. Sonnenblumenöl)

Außerdem:
Ca. 20 g weiche Butter für die Form

1 Den Ofen auf 160 °C vorheizen. Eine Gugelhupfform (ca. 2,5 l Inhalt) mit Butter einfetten. Milch mit den beiden Zuckersorten und dem Vanillemark verquirlen. 250 g Butter mit 200 g gehackter Schokolade in einem kleinen Topf bei schwacher Hitze schmelzen lassen. Die Mischung zusammen mit den Eiern und der Vanillemilch glatt rühren. Mehl, Kakao und Backpulver vermengen und unterheben.

2 Den Teig in die gebutterte Form geben und 1 Stunde im Ofen backen. Den Gugelhupf anschließend auf ein Gitter stürzen und vollständig abkühlen lassen.

3 Für die Glasur die restliche Schokolade klein hacken und mit der übrigen Butter und dem Honig in einen kleinen Topf geben. Die Mischung bei schwacher Hitze unter regelmäßigem Rühren schmelzen. Dann das Öl unterrühren. Die Glasur gleichmäßig über den abgekühlten Gugelhupf gießen und fest werden lassen.

SCHWARZWÄLDER MILCHREISTORTE

[ZUBEREITUNG: CA. 1 STD.   BACKEN: CA. 30 MIN.   KÜHLEN: CA. 45 MIN.]

FÜR 1 TORTE (Ø 21 CM)

Für den Biskuit:
4 Eier
75 g Zucker
75 g Mehl
25 g Kakaopulver
1 TL Backpulver

Für die Kirschen:
250 g Sauerkirschen (Glas)
50 g Zucker
1–2 TL Speisestärke

Für den Reis:
500 ml Milch
Mark von 1 Vanilleschote
75 g Zucker
150 g Milchreis
4 Blatt Gelatine
200 g geschlagene Sahne
5 EL Kirschgeist

Außerdem:
Fett für die Form
Schokoraspel zum Garnieren

1 Den Ofen auf 180 °C vorheizen. Eier und Zucker in ca. 5 Minuten schaumig schlagen. Mehl mit Kakao und Backpulver mischen, nach und nach über den Eischaum sieben und unterheben. Biskuitteig in eine gefettete Springform (Ø 21 cm) füllen und ca. 30 Minuten im Ofen backen. Anschließend auf einem Kuchengitter abkühlen lassen, die Form entfernen.

2 Inzwischen die Kirschen in ein Sieb geben, den Saft auffangen und die Früchte gut abtropfen lassen. ¼ des Saftes mit dem Zucker aufkochen und mit etwas angerührter Speisestärke binden. Die Kirschen untermischen und den Topf vom Herd nehmen. Kirschmischung auskühlen lassen.

3 Milch aufkochen, Vanillemark, 50 g Zucker und Reis zufügen und bei mittlerer Hitze in ca. 20 Minuten garen. Dabei öfter umrühren. Die Gelatine 5 Minuten in kaltem Wasser einweichen. Topf vom Herd nehmen, Gelatine im warmen Reis auflösen, dann abkühlen lassen. Schlagsahne und 2 EL Kirschgeist unter den Milchreis heben.

4 Den restlichen Zucker mit 2–3 EL Wasser aufkochen. Den Topf vom Herd nehmen, übrigen Kirschgeist unterrühren und die Mischung abkühlen lassen. Biskuit einmal horizontal durchschneiden, sodass zwei gleich dicke Böden entstehen. Den ersten Boden in einen Tortenring setzen und mit einem Teil der Kirschgeistmischung beträufeln. Darauf die Hälfte vom Milchreis und einen Teil der Kirschen verteilen. Den zweiten Boden daraufsetzen und mit der restlichen Kirschgeistmischung beträufeln. Die zweite Hälfte vom Milchreis und die übrigen Kirschen darauf verteilen. Schokoladenraspel darüberstreuen. Die Torte ca. 45 Minuten kalt stellen.

SCHOKOTARTE MIT PASSIONSFRUCHT

[ZUBEREITUNG: CA. 45 MIN.   BACKEN: CA. 40 MIN.]

FÜR 1 TARTE (Ø CA. 22 CM)
ODER CA. 8 PORTIONEN

200 g Zartbitterschokolade

175 g Butter

4 Eier

200 g Zucker

1 Prise Salz

250 ml ungesüßtes Passionsfruchtmark (erhältlich z. B. bei Bos Food)

15 g Speisestärke

1 Vanilleschote, aufgeschlitzt

2 Zimtstangen

½ kleine Chilischote

3 Eigelb

75 g Puderzucker

80 g Kokosraspel

1 Den Ofen auf 160 °C vorheizen. Gehackte Schokolade und 150 g Butter zusammen in einer Schüssel über einem heißen Wasserbad schmelzen. Eier mit 150 g Zucker und dem Salz in ca. 5 Minuten zu schaumig-steifer Konsistenz aufschlagen. Die flüssige Schokoladenmischung unter den Eischaum rühren. Den Teig in eine mit Backpapier ausgelegte Tarteform (Ø ca. 22 cm) füllen und ca. 35 Minuten im Ofen backen. Anschließend den Boden in der Form auskühlen lassen.

2 Inzwischen ca. 100 ml Passionsfruchtmark mit der Stärke glatt rühren. Restliches Mark mit den Gewürzen aufkochen, dann ca. 15 Minuten am Herdrand ziehen lassen. In einem zweiten Topf die Eigelbe mit Puderzucker verrühren, heißes Passionsfruchtmark durch ein feines Sieb zugießen und die angerührte Stärke untermischen. Den Topf auf den Herd stellen, die Flüssigkeit langsam unter ständigem Rühren kurz aufkochen. Sobald die Mischung beginnt, dicksämig zu werden, diese in die Tarteform gießen und gleichmäßig auf dem Boden verteilen. Die Creme vollständig abkühlen lassen.

3 Kurz vor dem Servieren den Backofengrill vorheizen. Kokosraspel mit der restlichen Butter und dem übrigen Zucker vermischen und gleichmäßig auf der Passionsfruchtcreme verteilen. Tarte in den Ofen geben und in ca. 5 Minuten goldbraun backen.

SCHOKO-MOUSSE-TORTE

[ZUBEREITUNG: CA. 1 STD.   BACKEN: CA. 12 MIN.   KÜHLEN: CA. 2 STD.]

FÜR 1 TORTE
(CA. 30 CM LÄNGE)

Für den Biskuit:
3 Eier
50 g Zucker
50 g Mehl
50 g gemahlene Haselnüsse, goldbraun geröstet
1 EL Kakaopulver

Für die Mousse:
200 g Vollmilchschokolade
4 Eier
1 Prise Salz
75 g Zucker
4 Blatt Gelatine
150 ml Sahne, steif geschlagen

Außerdem:
1 Rehrückenform
Schokosplitter (s. unten) und Kakaopulver zum Garnieren

1 Den Ofen auf 180 °C vorheizen. Eier und Zucker in ca. 5 Minuten schaumig schlagen. Mehl, Haselnüsse und Kakao mischen und unter den Eischaum heben. Teig auf ein mit Backpapier belegtes flaches Blech (ca. 30 x 20 cm) gießen, glatt streichen und im heißen Ofen ca. 12 Minuten backen. Anschließend abkühlen lassen. Backpapier entfernen, Biskuit längs halbieren.

2 Schokolade hacken und über einem heißen Wasserbad schmelzen. Eier trennen. Eiweiße mit Salz zu steifem Schnee schlagen. Dabei nach und nach 50 g Zucker einrieseln lassen. Gelatine 5 Minuten in kaltem Wasser einweichen. Eigelbe mit restlichem Zucker und 2 EL Wasser in einer Schüssel verrühren und über einem heißen Wasserbad zu dickcremiger Konsistenz aufschlagen. Gelatine ausdrücken und darin auflösen. Schüssel vom Wasserbad nehmen, flüssige Vollmilchschokolade unter den Eigelbschaum rühren. Dann zunächst die geschlagene Sahne, danach den Eischnee unterheben.

3 Eine längliche Rehrückenform (ca. 30 x 10 cm) mit Frischhaltefolie auskleiden. Die Hälfte der Mousse in die Form füllen. Darauf einen Biskuitboden legen. Restliche Mousse darauf verteilen und mit dem zweiten Biskuit bedecken. Die Torte für ca. 2 Stunden kalt stellen. Dann stürzen, von der Folie befreien und mit Schokosplittern und Kakao garnieren.

• TIPP •

Für die Schokosplitter 100 g Schokolade über einem heißen Wasserbad schmelzen. Anschließend die Schokolade gleichmäßig dünn auf 1–2 Backpapierbögen streichen, diese einrollen und für ca. 30 Minuten tiefkühlen. Danach das Papier langsam wieder aufrollen und die dabei entstandenen Schokosplitter zum Garnieren verwenden.

FRUCHTIGER SCHOKO-CHEESECAKE

[ZUBEREITUNG: CA. 40 MIN.   BACKEN: CA. 45 MIN.   KÜHLEN: CA. 1 STD.]

FÜR 1 KUCHEN (Ø CA. 22 CM)
ODER CA. 8 PORTIONEN

150 g Haferkekse

75 g weiche Butter

100 g weiße Kuvertüre

Mark von 1 Vanilleschote

500 g Sahnequark

2 Eier

1 Eigelb

150 g Cassismark (erhältlich z. B. bei Bos Food)

2 Blatt Gelatine

Ca. 100 g Heidelbeeren

1 Die Haferkekse zerkrümeln und gründlich mit der Butter mischen. Den Boden einer Springform (Ø ca. 22 cm) mit Backpapier auslegen, die Keksmischung gleichmäßig darauf verteilen und mit einem Löffelrücken festdrücken.

2 Den Ofen auf 150 °C vorheizen. Kuvertüre hacken und in einer Schüssel über einem heißen Wasserbad schmelzen. Die flüssige Kuvertüre und das Vanillemark zügig mit dem Quark mischen. Dann nach und nach die Eier und das Eigelb unterrühren. Quarkmasse auf dem Boden verteilen und den Cheesecake ca. 45 Minuten im Ofen backen. Anschließend herausnehmen und in der Form abkühlen lassen.

3 Cassismark erhitzen. Gelatine ca. 3 Minuten in kaltem Wasser einweichen, dann ausdrücken und im heißen Cassismark auflösen. Die Mischung abkühlen lassen, auf den Cheesecake gießen und gleichmäßig darauf verteilen. Heidelbeeren darüberstreuen und den Kuchen für 1 Stunde kalt stellen.

4 Den Cheesecake aus der Form nehmen, in Stücke schneiden und servieren.

· TIPP ·
Nach Belieben mit geraspelter weißer Schokolade garnieren.

· HAPPY END ·

SOUFFLÉ, SORBETS, EISCREME

70
WÜRZIGE TRINKSCHOKOLADE

82
MOKKA-CRÈME-BRÛLÉE

72
MILCHREIS MIT KIRSCHSORBET

84
SCHOKO-BEEREN-TÖRTCHEN

74
SCHOKOLADEN-PUDDING

86
SCHOKOLADEN-EISCREME

76
GEEISTES SOUFFLÉ

88
LEBKUCHEN-SOUFFLÉ

78
SCHOKO-PUFFER

90
SCHOKO-SCHMARRN

80
MANGO-ZITRONENGRAS-TÖRTCHEN

92
SCHOKO-HIMBEER-TRIFLE

WÜRZIGE TRINKSCHOKOLADE

[ZUBEREITUNG: CA. 10 MIN.   ZIEHEN: CA. 15 MIN.]

FÜR 4 PORTIONEN

1 Chilischote
500 ml Milch
Saft und Abrieb von 1 Bio-Orange
125 g Zucker
3–4 EL Rum nach Belieben
Mark von 1 Vanilleschote
2 Zimtstangen, zerbröselt
4 Kardamomkapseln, angedrückt
3 Sternanis
150 g Zartbitterschokolade
150 ml Sahne

Außerdem:
1–2 EL Kakaopulver zum Bestäuben

1 Die Chilischote aufschlitzen und von Samen befreien. Die Milch mit der Chili, dem Orangensaft und -abrieb, Zucker, Rum und den Gewürzen in einem kleinen Topf aufkochen. Die Flüssigkeit ca. 15 Minuten bei schwacher Hitze ziehen lassen.

2 Die Milch durch ein feines Sieb gießen und zurück auf den Herd stellen, Chili und Gewürze entsorgen. Die Schokolade möglichst klein hacken. Nach und nach zur heißen Milch geben und darin schmelzen.

3 Die Sahne zu halbsteifer Konsistenz schlagen. Heiße Trink-Schokolade in Becher oder Tassen gießen, jeweils einen Klecks Sahne daraufgeben und mit Kakao bestäubt sofort servieren.

MILCHREIS MIT KIRSCHSORBET

[ZUBEREITUNG: CA. 1 STD.   TIEFKÜHLEN: CA. 5 STD.]

FÜR 4 PORTIONEN

Für das Sorbet:

400 g entsteinte Sauerkirschen (Glas)

1 kleine Chilischote

100 g Vollrohrzucker

Für den Milchreis:

750 ml Milch

Mark von 1 Vanilleschote

2 TL Lebkuchengewürz

1 EL Abrieb von 1 Bio-Orange

75 g Vollrohrzucker

150 g Milchreis

100 g Vollmilchkuvertüre

25 g Butter

1–2 EL geschlagene Sahne

Außerdem:

3–4 EL Schokoladenraspel zum Bestreuen

1 Kirschen gut abtropfen lassen und dabei den Saft auffangen. Die Früchte für 4 Stunden in das Gefrierfach stellen. Die Chili putzen, von Samen befreien, hacken und mit 150 ml Kirschsaft und dem Zucker kurz aufkochen. Den Topf vom Herd ziehen und die Mischung 5 Minuten ziehen lassen. Die Flüssigkeit durch ein Sieb in einen hohen Becher gießen, die gefrorenen Kirschen zufügen und alles mit einem Mixstab fein pürieren. Das Sorbet im Gefrierfach in ca. 1 Stunde durchziehen lassen.

2 Milch mit Vanille, Lebkuchengewürz, Orangenabrieb und Zucker aufkochen. Den Reis zufügen, untermischen und bei mittlerer Hitze offen in ca. 20 Minuten weich garen. Dabei regelmäßig umrühren.

3 Kuvertüre klein hacken und im warmen Milchreis schmelzen. Butter und Sahne untermischen. Den Milchreis auf tiefe Teller verteilen, je eine Nocke Sorbet daraufsetzen und mit geraspelter Schokolade bestreut sofort servieren.

SCHOKOLADEN-PUDDING

[ZUBEREITUNG: CA. 45 MIN.   GAREN: CA. 2 STD.]

FÜR CA. 6 PORTIONEN

Für den Pudding:

150 g Trockenobst

100 g Zartbitterschokolade

50 g weiche Butter

Mark von 1 Vanilleschote

150 g brauner Zucker

4 Eier

25 g Mehl

75 g gemahlene Haselnüsse

1–2 EL Kakaopulver

1 TL Backpulver

Für die Sauce:

150 ml Sahne

50 g Zucker

Saft von 1 Orange

100 g Zartbitterschokolade

50 g Vollmilchschokolade

3 EL Whiskey oder Orangenlikör (z. B. Grand Marnier) nach Belieben

Außerdem:

Fett für die Form

1 Trockenobst mit 150 ml kochendem Wasser übergießen und 15 Minuten ziehen lassen. Anschließend die Mischung mit einem Mixstab fein pürieren und auskühlen lassen.

2 Schokolade klein hacken und in einer Schüssel über einem heißen Wasserbad schmelzen. In einer anderen Schüssel Butter, Vanillemark und Zucker mit dem Handrührgerät einige Minuten verrühren. Nach und nach die Eier zufügen und untermixen. Danach Mehl, Haselnüsse, Kakao, Backpulver, das Früchtepüree und die geschmolzene Schokolade untermischen.

3 Den Teig in eine gefettete Puddingform (ca. 1 l Inhalt) füllen, diese verschließen, bis zum Rand in ein leicht köchelndes Wasserbad stellen und ca. 2 Stunden darin garen.

4 Inzwischen Sahne mit Zucker und Orangensaft aufkochen. Den Topf vom Herd ziehen, beide Schokoladensorten klein hacken, nach und nach unter die Flüssigkeit rühren und darin schmelzen. Sauce nach Belieben mit Whiskey oder Orangenlikör aromatisieren.

5 Den Pudding aus dem Wasserbad nehmen, 15 Minuten stehen lassen, dann stürzen und mit der Schokoladensauce übergießen.

GEEISTES SOUFFLÉ

[ZUBEREITUNG: CA. 40 MIN.   TIEFKÜHLEN: CA. 4 STD.]

FÜR 4–6 PORTIONEN (JE NACH GRÖSSE DER FÖRMCHEN)

400 ml Sahne

2 Eier

4 Eigelb

2–3 EL Kakaopulver

100 g Puderzucker

3 EL Orangenlikör
(z. B. Grand Marnier)

2–3 Bio-Orangen

100 ml Grenadine

200 ml Orangensaft

50 g Zucker

1 TL Speisestärke, mit etwas kaltem Wasser angerührt

Außerdem:
2 TL Kakaopulver zum Bestäuben

1 Souffléförmchen (alternativ Kaffee- oder Teetassen) so mit Backpapierstreifen umwickeln, dass sie den Rand um ca. 3 cm überragen. Das Papier dabei mit Klebestreifen an den Förmchen befestigen. Sahne steif schlagen.

2 Eier, Eigelbe, Kakao und Puderzucker in eine Schüssel füllen und mit dem Handrührgerät in ca. 5 Minuten schaumig-steif schlagen. Den Orangenlikör mit der geschlagenen Sahne behutsam unterheben. Die Masse bis zum Papierrand in die Förmchen füllen und für ca. 4 Stunden in das Gefrierfach stellen.

3 Inzwischen die Schale von einer Orange dünn herunterschälen und in feine Streifen schneiden. Orangenzesten mit Grenadine in einem kleinen Topf aufkochen, dann vom Herd nehmen und 2 Stunden ziehen lassen. Alle Früchte mit einem scharfen Messer sorgfältig schälen, sodass das Weiße der Schale mit entfernt wird. Die Früchte filetieren. Orangensaft mit Zucker in einen Topf geben und um die Hälfte einkochen lassen. Den köchelnden Sud mit etwas Stärke binden. Filets untermischen und abkühlen lassen.

4 Gefrorene Eis-Soufflés aus dem Gefrierfach nehmen, die Papierstreifen entfernen. Soufflés 6–8 Minuten antauen lassen, dann dünn mit Kakao bestäuben. Orangenfilets und eingelegte Orangenzesten darauf verteilen.

SCHOKO-PUFFER

[ZUBEREITUNG: CA. 20 MIN.   KÜHLEN: CA. 1 STD.]

FÜR 4 PORTIONEN

Für das Beerenkompott:
75 g Zucker
200 ml Kirschsaft (oder Rotwein)
Saft von ½ Zitrone
Mark von 1 Vanilleschote
1 Zimtstange
2 Sternanis
1 TL Speisestärke
300 g gemischte Beeren (z. B. Brombeeren, Himbeeren, Johannisbeeren, Erdbeeren, Heidelbeeren)

Für die Puffer:
150 g Milchreis
600 ml Milch
3 EL Kakaopulver
75 g Zucker
2 Eier
1 TL Backpulver
100 g Mehl
1 Prise Salz
Ca. 50 g Butterschmalz

1 Den Zucker in einem Topf goldbraun karamellisieren, mit Kirsch- und Zitronensaft ablöschen und die Gewürze zugeben. Den Sud bei geringer Hitze 5–8 Minuten köcheln. Speisestärke mit etwas kaltem Wasser anrühren und den Sud damit binden. Die Flüssigkeit durch ein Sieb über die Beeren gießen und abkühlen lassen.

2 Reis mit Milch, Kakao und 3 EL Zucker in einen Topf geben und bei mittlerer Hitze unter häufigem Rühren offen in ca. 20 Minuten garen. Anschließend abkühlen lassen.

3 Die Eier trennen. Eigelbe mit Backpulver und Mehl unter den abgekühlten Milchreis rühren. Eiweiße mit Salz zu steifem Schnee schlagen. Dabei langsam den restlichen Zucker einrieseln lassen. Den Eischnee behutsam unterheben.

4 Die Milchreismischung portionsweise in einer beschichteten Pfanne in heißem Butterschmalz in 2–3 Minuten pro Seite zu Puffern ausbacken. Die Puffer auf Teller verteilen und mit dem Beerenkompott servieren.

MANGO-ZITRONENGRAS-TÖRTCHEN

[ZUBEREITUNG: CA. 45 MIN.   KÜHLEN: CA. 2 STD.]

FÜR CA. 6 PORTIONEN

250 g weiße Kuvertüre
50 g Rice Krispies
3–4 Stangen Zitronengras
150 ml ungesüßte Kokosmilch
100 ml Sahne
3 Eier
1 Prise Salz
3 Blatt Gelatine
2 reife Mangos

Außerdem:
Geröstete Erdnüsse zum Bestreuen

1 Sechs Ringe (Höhe und ⌀ ca. 6 cm) auf ein mit Backpapier belegtes Blech stellen. Kuvertüre klein hacken und in einer Schüssel über einem heißen Wasserbad schmelzen. 50 g flüssige Kuvertüre mit den Rice Krispies mischen, in den Ringen verteilen und flach drücken. Für 10 Minuten kalt stellen. Anschließend die Böden mit einem kleinen Messer vom Ring lösen, den Ring aber nicht entfernen.

2 Zitronengras andrücken, dann in Stücke schneiden und mit der Kokosmilch aufkochen. Vom Herd nehmen und 15 Minuten ziehen lassen. Inzwischen die Sahne steif schlagen und die Eier trennen. Eiweiße mit dem Salz zu Schnee schlagen. Gelatine ca. 3 Minuten in kaltem Wasser einweichen. Kokosmilch durch ein Sieb zu den Eigelben gießen und über einem heißen Wasserbad dickcremig aufschlagen. Gelatine ausdrücken und darin auflösen. Die restliche Kuvertüre unterrühren, dann zunächst die Sahne, danach sofort den Eischnee unterheben. Die Mousse in einen Spritzbeutel umfüllen und auf den fest gewordenen Böden verteilen. Törtchen für 2 Stunden kalt stellen.

3 Inzwischen die Mangos schälen und das Fruchtfleisch am Stein entlang herunterschneiden. $\frac{2}{3}$ des Fruchtfleisches klein würfeln, den Rest in einem Mixer fein pürieren. $\frac{2}{3}$ vom Püree mit den Mangowürfeln mischen.

4 Das Mango-Kompott auf den Törtchen verteilen, je einen gefüllten Ring auf jeden Teller setzen. Die Ringe vorsichtig abziehen, die Törtchen mit gehackten Erdnüssen bestreuen und mit dem restlichen Mangopüree servieren.

MOKKA-CRÈME-BRÛLÉE

[ZUBEREITUNG: CA. 30 MIN.   GAREN: CA. 1 STD.   KÜHLEN: CA. 4 STD.]

FÜR 4–6 PORTIONEN
(JE NACH GRÖSSE DER
SCHÄLCHEN ODER TASSEN)

100 g Vollmilchschokolade
2–3 TL lösliches Espressopulver
150 ml Milch
350 ml Sahne
75 g Zucker
6 Eigelb
Ca. 80 g brauner Zucker

Außerdem:
1 Bunsenbrenner

1 Schokolade klein hacken. Espressopulver mit Milch, Sahne und Zucker aufkochen. Den Topf vom Herd nehmen und die Eigelbe nach und nach unterrühren. Den Topf wieder auf den Herd stellen und bei mittlerer Hitze so lange rühren, bis die Flüssigkeit bindet und eine dickcremige Konsistenz hat. Gehackte Schokolade unterrühren und in der Creme schmelzen. Dann alles durch ein feines Sieb in eine Schüssel gießen.

2 Den Ofen auf 120 °C vorheizen. Vier ofenfeste flache Porzellanschalen oder Kaffeetassen in ein tiefes Backblech stellen und so viel heißes Wasser hineingießen, dass die Förmchen zu ca. $2/3$ davon bedeckt sind. Die Creme auf die Förmchen verteilen auf der untersten Einschubleiste des Ofens in ca. 1 Stunde garen. Anschließend vollständig im Kühlschrank erkalten lassen.

3 Die erkaltete Creme gleichmäßig mit braunem Zucker bestreuen und mit einem Bunsenbrenner goldbraun und knusprig karamellisieren. Gleich servieren.

· **TIPP** ·

Wer es etwas prunkvoller mag, kann dieses Dessert mit essbarem Blattgold verzieren.

SCHOKO-BEEREN-TÖRTCHEN

[ZUBEREITUNG: CA. 45 MIN.   KÜHLEN: CA. 1 STD.   BACKEN: 12–14 MIN.]

FÜR CA. 12 KLEINE TÖRTCHEN

150 g Mehl

2–3 TL Kakaopulver

50 g Puderzucker

75 g Frischkäse

75 g weiche Butter

500 g gemischte Beeren

2–3 EL Orangenlikör

1 EL Vanillezucker

2 Eier

50 g Zartbitterschokolade

125 ml Milch

20 g Schokopuddingpulver

125 ml Sahne

1 Prise Salz

50 g Zucker

1 Schoko-Biskuitboden
(Rezept s. S. 65)

Außerdem:
Mehl für die Arbeitsfläche und zum Bestäuben
Butter für die Form
Puderzucker zum Bestäuben

1 Mehl, Kakao, Puderzucker, Frischkäse und Butter zu einem glatten, geschmeidigen Teig verkneten und in Frischhaltefolie gewickelt für 1 Stunde in den Kühlschrank legen.

2 Inzwischen die Beeren putzen und waschen. Erdbeeren je nach Größe halbieren oder vierteln. Beerenmischung mit Orangenlikör und Vanillezucker marinieren.

3 Den Ofen auf 200 °C vorheizen. Teig auf der mit Mehl bestäubten Arbeitsfläche ca. 3 mm dünn ausrollen und daraus Kreise (Ø ca. 10 cm) ausstechen. Teigkreise in gebutterte und mit Mehl bestäubte Tarteletteförmchen legen (alternativ eine Muffinform verwenden). Die Böden 12–14 Minuten im Ofen backen. Anschließend auskühlen lassen.

4 Eier trennen, Schokolade klein hacken. Eigelbe mit Milch und Puddingpulver verrühren. Sahne aufkochen, angerührte Milchmischung zugießen und unter ständigem Rühren ca. 30 Sekunden kochen lassen. Die Creme in eine Schüssel umfüllen, klein gehackte Schokolade unterrühren und im heißen Pudding schmelzen.

5 Eiweiße mit Salz zu steifem Schnee schlagen. Dabei den Zucker einrieseln lassen. Eischnee unter die Schokoladencreme heben.

6 Backofengrill vorheizen. Biskuit in kleine Würfel schneiden und auf den Böden verteilen. Marinierte Beeren daraufgeben und mit je einem großzügigen Löffel Schokoladencreme bedecken. Die Törtchen unter dem heißen Backofengrill ca. 1 Minute überbacken. Nach Belieben mit Puderzucker bestäuben und am besten noch lauwarm servieren.

SCHOKOLADEN-EISCREME

[ZUBEREITUNG: CA. 20 MIN. TIEFKÜHLEN: CA. 30 MIN.]

FÜR 4 PORTIONEN

250 ml Sahne

250 ml Milch

100 g Zucker

3 EL Rum

Mark von 1 Vanilleschote

150 g Zartbitterschokolade

4 Eigelb

1 Sahne mit Milch, Zucker, Rum und Vanillemark in einem Topf aufkochen.

2 Schokolade möglichst klein hacken. Die Hälfte davon nach und nach in die heiße Sahnemischung rühren und darin schmelzen. Die Flüssigkeit zu den Eigelben in eine Schüssel gießen und verrühren. Dann die Mischung zurück in den Topf geben und bei mittlerer Hitze so lange rühren, bis sie eine dickcremige Konsistenz hat.

3 Die Masse abkühlen lassen und anschließend die restliche gehackte Schokolade unterrühren. In einer Eismaschine cremig-fest gefrieren lassen.

LEBKUCHEN-SOUFFLÉ

[ZUBEREITUNG: CA. 35 MIN.   BACKEN: CA. 20 MIN.]

FÜR 4–6 PORTIONEN
(JE NACH GRÖSSE DER FÖRMCHEN)

100 g Zartbitterschokolade

200 ml Milch

2 TL Lebkuchengewürz

50 g Butter

50 g Mehl

2 EL Rum

4 Eier

1 Prise Salz

75 g Zucker

Außerdem:
Flüssige Butter und Zucker für die Förmchen
Puderzucker zum Bestäuben

1 Den Ofen auf 200 °C vorheizen. Souffléförmchen mit flüssiger Butter sorgfältig auspinseln und mit Zucker ausstreuen. Förmchen kühl stellen. Schokolade klein hacken.

2 Milch mit Lebkuchengewürz erhitzen. Die Butter in einem anderen Topf zerlassen, das Mehl zugeben und mit der flüssigen Butter glatt rühren. Heiße Lebkuchenmilch nach und nach zur Mehlschwitze gießen, dabei zügig weiterrühren. Den entstandenen Brei in eine Schüssel umfüllen, Rum und klein gehackte Schokolade zufügen und alles gründlich verrühren, bis die Schokolade in der heißen Masse geschmolzen ist.

3 Eier trennen. Eigelbe zur abgekühlten Schokoladenmasse geben und glatt rühren (es sollten möglichst keine Klümpchen vorhanden sein!). Eiweiße mit dem Salz steif schlagen. Dabei nach und nach den Zucker einrieseln lassen. Eischnee behutsam in 2–3 Schritten unter die Schokoladenmasse heben und diese dann bis knapp unter den Rand in die Förmchen füllen.

4 Die Soufflés auf einem Gitter in der untersten Einschubleiste des Ofens ca. 20 Minuten backen. Anschließend aus dem Ofen nehmen und mit etwas Puderzucker bestäubt sofort servieren.

SCHOKO-SCHMARRN

[ZUBEREITUNG: CA. 40 MIN. MARINIEREN: CA. 8 STD. BACKEN: CA. 10 MIN.]

FÜR 4 PORTIONEN

50 g Puderzucker
3–4 EL Rum
100 g getrocknete Cranberrys
50 g Zartbitterschokolade
3–4 kleine Äpfel
4 Eier
75 g Mehl
2 EL Kakaopulver
150 ml Milch
1 Prise Salz
50 g Zucker
100 g Butter
50 g Butterschmalz

Außerdem:
Ca. 50 g Zucker für die Äpfel
Puderzucker zum Bestäuben

1 Puderzucker mit 100 ml Wasser aufkochen, Rum und Cranberrys zufügen und die Früchte über Nacht ziehen lassen.

2 Die Schokolade fein raspeln. Äpfel waschen, von Kerngehäusen befreien und in ca. 1 cm große Würfel schneiden.

3 Den Ofen auf 200 °C vorheizen. Eier trennen. Eigelbe mit Mehl, Kakao und Milch glatt rühren. Eiweiße mit dem Salz steif schlagen. Dabei langsam den Zucker einrieseln lassen. Eischnee und geraspelte Schokolade behutsam unter den Teig heben.

4 50 g Butter in einer ofenfesten Pfanne zerlassen. Apfelwürfel mit etwas Zucker darin in ca. 4 Minuten goldbraun braten. Äpfel aus der Pfanne nehmen und Butterschmalz darin erhitzen. Den Teig hineingießen, eingeweichte Cranberrys abtropfen lassen und gleichmäßig mit den Apfelwürfeln auf dem Teig verteilen. Die Pfanne in den Ofen schieben.

5 Sobald der Teig nach ca. 10 Minuten aufgegangen ist und eine dunkelbraune Farbe hat, die Pfanne aus dem Ofen nehmen, den Teig mit zwei Gabeln in Stücke reißen, mit Puderzucker bestäuben und der restlichen Butter vermengen. Den Schmarrn sofort servieren.

SCHOKO-HIMBEER-TRIFLE

[ZUBEREITUNG: CA. 1 STD.   BACKEN: CA. 25 MIN.]

FÜR CA. 8 PORTIONEN
(JE NACH GRÖSSE DES GLASES)

3 Eier
150 g Zucker
50 g Mehl
2 EL Kakaopulver
60 g Speisestärke
300 g TK-Himbeeren, aufgetaut
75 g Gelierzucker (3 : 1)
Saft von 1 Zitrone
150 g Zartbitterschokolade
4 Eigelb
400 ml Milch
4–5 EL Himbeergeist
250 ml Sahne
Ca. 800 g frische Himbeeren

Außerdem:
Butter für die Form
Geraspelte Schokolade zum Garnieren nach Belieben

1 Den Ofen auf 180 °C vorheizen. Eier mit 75 g Zucker in eine Schüssel geben und mit dem Handrührgerät in ca. 5 Minuten schaumig-steif schlagen. Mehl, Kakao und 20 g Stärke darübersieben und unterheben. Den Teig in eine gebutterte Springform (Ø ca. 20 cm) füllen und ca. 25 Minuten backen. Den Biskuit anschließend vollständig abkühlen lassen.

2 Inzwischen die Himbeeren mit Gelierzucker und Zitronensaft fein pürieren, dann durch ein Sieb in einen Topf streichen und unter ständigem Rühren ca. 5 Minuten sprudelnd kochen. Gelee zugedeckt abkühlen lassen.

3 Schokolade klein hacken. Eigelbe mit 25 g Zucker und der restlichen Stärke verrühren. Die Milch zugießen und alles in einem Topf so lange auf dem heißen Herd verrühren, bis die Creme eine dicke, puddingartige Konsistenz hat. In eine Schüssel umfüllen, gehackte Schokolade zugeben und schmelzen. Die Creme abkühlen lassen.

4 Himbeergeist mit dem restlichen Zucker verrühren. Den Biskuit zweimal horizontal durchschneiden, sodass drei gleich dicke Böden entstehen. Jeden Boden mit der Himbeergeistmischung beträufeln. Die Sahne halbsteif schlagen. Die Creme abwechselnd mit Biskuit, halbsteifer Sahne, Himbeeren und Gelee in ein großes oder mehrere kleine Gläser schichten. Nach Belieben mit geraspelter Schokolade bestreuen.

REGISTER

A
Amaretto 28
Äpfel 91

B
Beeren, gemischte 79, 84
Birnen 53
Biskuit Creme-Torte 41
Blutorangen-Tarte 42
Borwnies mit Heidelbeeren 45
Bruchschokolade, dunkel 19
Butterkekse 46

C
Cassis (-pulver, -mark, -likör) 15, 49, 66
Cassis-Glühwein-Trüffel 15
Chili 62, 71, 72
Cookies mit Mandeln und Pekannüssen, zweierlei 16
Cranberrys, getrocknete 91

E
Erdnüsse 80
Espresso(-pulver) 28, 41, 45, 83

G
Grenadine 76
Grissini, süße 32

H
Haferkekse 66
Haselnüsse 24, 32, 53, 57, 65, 75
Heidelbeeren 45, 66, 79
Himbeeren 20, 79, 92
Himbeer-Ganache-Törtchen 20

I
Ingwer 35

K
Karamell 16, 19, 27, 57, 79, 83
Karamell-Konfekt 27
Kardamom 15, 53, 71
Kekskuchen 46
Kirschen (Sauer-, -marmelade, -geist, -saft) 12, 61, 72
Kokos (-raspel, -milch, -likör, -fett) 19, 23, 32, 36, 46, 62, 80
Kokos-Trüffel 36
Kuppeltorte 49

L
Lebkuchengewürz 72, 88
Lebkuchen-Soufflé 88
Limette 35

M
Mandeln 16, 19
Mango-Zitronengras-Törtchen 80
Marmorkuchen 50
Mascarpone 28
Mayonnaise 49
Milchreis 36, 61, 72, 79
Milchreistorte, schwarzwälder 61
Mokka-Crème-Brûlée 83
Mokka-Nuss-Biskuits 24

N
Nelken 15
Nuss-Brownies mit Rotweinbirnen 53
Nuss-Nougat 32, 53, 57

O
Orangen (-likör, -schale, -saft, -zesten)
15, 31, 42, 53, 71, 72, 75, 76, 84

P
Passionsfrucht 62
Pekannüsse 16, 54
Pekannuss-Tarte 54
Petits Fours aus Schokolade
und Kirschen 12
Puffreis-Matcha-Schokolade 35

R
Rice Krispies 35, 80
Rum 15, 50, 53, 71, 87, 88, 91

S
Schoko-Beeren-Törtchen 84
Schoko-Cheesecake, fruchtiger 66
Schoko-Donuts 23
Schoko-Haselnuss-Tartlettes 57
Schoko-Himbeer-Trifle 92
Schokoladen-Eiscreme 87
Schokoladen-Pudding 75
Schokoladentarte mit Passionsfurcht und
Kokoskruste 62
Schoko-Mousse-Torte 65
Schoko-Puffer mit süßen Beeren 79
Schoko-Schmarrn mit Cranberrys
und Äpfeln 91
Schwarzwälder Milchreistorte 61
Soufflée, geeistes 76
Sternanis 15, 53, 71, 79

T
Tiramisu-Cupcakes 28
Trinkschokolade, würzig-heiße 71
Trockenobst 75

W
Walnüsse 16
Wein 15, 49, 53, 79

Z
Zitrone 8, 79, 80, 92
Zitronengras 80
Zimt 15, 32, 53, 62, 71, 79

OLIVER BRACHAT arbeitet als erfolgreicher Still-Life-Fotograf in seinem eigenen Studio in Düsseldorf. Mit viel Kreativität und seiner Liebe zu gutem Essen schafft er außergewöhnliche Food-Fotografien. Zuletzt im Hölker Verlag erschienen sind seine Kochbücher *Burger*, *Willkommen im Gemüsegarten*, *Brot genießen*, *Unsere Weihnachtsbäckerei* und *Sonne im Glas*.
www.oliverbrachat.com

ANDREAS NEUBAUER, gelernter Koch und Küchenmeister, ist seit 1990 in diversen Sternerestaurants tätig – unter anderem auf der Stromburg bei Johann Lafer, mit dem er seit 15 Jahren zusammenarbeitet. Als gefragter Autor und Foodstylist von über 60 Büchern entwickelt er Rezepte für Kochbuchverlage, Zeitschriften und fürs Fernsehen.

5 4 3 2 1   22 21 20 19 18
ISBN 978-3-88117-187-8

Rezepte: Andreas Neubauer
Fotos: Oliver Brachat
Layout: Stefanie Wawer, Münster
Satz & Litho: typocepta, Köln

Neuausgabe des Titels *Meine feine Chocolaterie*
© 2018 Hölker Verlag in der
Coppenrath Verlag GmbH & Co. KG,
Hafenweg 30, 48155 Münster, Germany
Alle Rechte vorbehalten, auch auszugsweise

www.hoelker-verlag.de